Warst du's, Mimi?

Text von Kan Hung Tong
Bilder von Tze Chung Chan
Deutscher Text von Thomas Lardon

Verlag der Francke-Buchhandlung
Marburg/Lahn

Das ist Mimi.
Sie hat zwei große Augen und einen großen Kopf.
Manchmal hat sie auch einen – Dickkopf.

Mimi ist ein ganz verspieltes Kätzchen.
Oft versucht sie, ihr eigenes Schwänzchen zu verknoten!
Zum Glück klappt das nicht.

Sie hat auch immer einen dummen Streich im Kopf.
Auf Bäume klettern und Vögel erschrecken, zum Beispiel.
Aber am liebsten tut sie etwas anderes.

Genau! Mäuse jagen.
Schließlich ist sie ja eine richtige Katze.
Nichts schmeckt besser als eine verschwitzte Maus.

Es ist ganz einfach.
Man schleicht sich von hinten an die Maus heran,
faucht ganz fürchterlich, macht einen großen Sprung -
naja, es kann ja nicht immer klappen.

Nur eines schmeckt noch besser
als verschwitzte Mäuse – Fisch!
Für einen Fisch würde sie fast alles tun.
Sogar den Mäusefang aufgeben.

Eines Tages geschieht es.
Mimi riecht es schon von weitem – ein Fisch!
Ein Sprung auf den Küchentisch, und
– eins, zwei, drei – sind nur noch die Gräten übrig.

Als der Koch das Unglück entdeckt,
wird er sehr wütend.
In dem Moment huscht das Mäuschen vorbei.
„Na warte, du Dieb, dir werd' ich's zeigen!" ruft er.

Mimi versteckt sich unter dem Tisch.
Irgendwie ist es nicht gerecht, daß das Mäuschen
die Schuld haben soll. Aber egal –
einer muß es ja gewesen sein!

Mimi überlegt noch einen Moment.
Schließlich kriecht sie unter dem Tisch hervor.
„Herr Koch", sagt sie kleinlaut.
„Ich war's. Ich hab' den Fisch verputzt."

Zuerst ist der Koch sehr zornig.
Aber dann sagt er: „Es gefällt mir, daß du
ehrlich bist, Mimi. Gerade wo du und das Mäuschen – ähem –
nicht gerade Freunde seid."
Und dann holt er noch einen Fisch aus dem Kühlschrank.
Und wer bekommt ihn? Mimi.

ISBN 3-88224-891-2

Alle Rechte vorbehalten
Originaltitel: Mi Mi
© 1989 by K. H. Tong
published by Wonderful Garden, Hong Kong
originally in Chinese
© der deutschsprachigen Ausgabe
1991 by Verlag der Francke-Buchhandlung GmbH
3550 Marburg an der Lahn
Satz: Druckerei Schröder, 3552 Wetter/Hessen
Printed in Hong Kong